Made in the USA
Monee, IL
08 June 2021

70586940R00066